지구는 일회용이 아니야

Yo, sustentable
©Pamela Bravo
©Gabriela Lyon
©La Bonita Ediciones
Korean Translation copyright © 2022 by Dabom Publishing Co. through VLP Agency, Chile & Greenbook Agency, Korea.

이 책의 한국어판 저작권과 판권은 그린북 에이전시를 통한 권리자와의 독점 계약으로 다봄출판사에 있습니다.
저작권법에 의해 한국 내에서 보호를 받는 저작물이므로 무단 전재와 무단 복제, 전송, 배포 등을 금합니다.

지구는 일회용이 아니야

팔메라 브라보 글 | 가브리엘라 리온 그림 | 남진희 옮김

다봄.

차례

1 지구를 위하는 행동 --- 6

2 제로 웨이스트, 쓰레기를 줄이자! --- 20

3 유기물 쓰레기로 만든 퇴비 --- 28

4 환경을 지키는 공유 모빌리티 --- 38

5 에너지 뱀파이어를 잡아라! --- 44

6 부족한 물, 물을 아껴 쓰자! --- 50

7 버려지는 식자재를 줄이자! --- 56

8 의식 있는 소비를 하자 --- 62

9 직접 만들어 쓰기 --- 70

10 지속 가능한 삶을 위하여 --- 76

1 지구를 위하는 행동

안녕! 난 플라야.
열한 살이고 환경을 보호하는
일을 열심히 하고 있어.

난 칠레에 살아. 칠레는 남아메리카에 있는 나라로 다양하고 아름다운 자연 경관으로 유명해. 만약 네가 칠레에 온다면 나와 내 절친인 **코**와 함께 산책할 텐데.
코는 내가 다섯 살 때부터 함께 지낸 강아지야. 유기견 보호 센터에서 구조했는데, 코가 우리 집에 왔을 때 얼마나 기뻤는지 몰라.
지금까지 매일 내가 직접 밥을 주고 깨끗하게 씻겨 줘.
'코'는 여기 원주민인 마푸체족 말로 '물'이라는 뜻이야. 코는 광장처럼 사람이 많은 곳을 좋아해. 부모님과 남쪽에 있는 국립 공원으로 간 여행도 코와 함께 갔어.
공원을 산책하는 것만큼 나와 우리 가족을 즐겁게 해 주는 게 없어!

내가 또 좋아하는 건 바로 **독서**야. 지구와 동물, 유명한 여자들에게 관심이 많아서 그런 주제를 다룬 책과 잡지를 많이 읽어. 난 호기심도 많아서 매일 새로운 걸 발견하고 배우는 걸 좋아해.
그런데 얼마 전에 자연 다큐멘터리를 보고 지구 환경이 심각한 위기에 처한 걸 알게 되었어.
그래서 난 더 이상 자연이 망가지지 않게 **환경을 보호하는 일**에 앞장서고 있어!

학교에서 친구들과 환경 문제를 이야기해 봐

우리 반 친구들하고 왜 지구에서 동물들이 멸종되어 사라지는지 이야기를 나눴어. 그리고 우리 지구는 다른 생명체와 나누어 쓰는 곳으로 환경을 가꾸고 지켜야 한다는 결론을 내렸지.

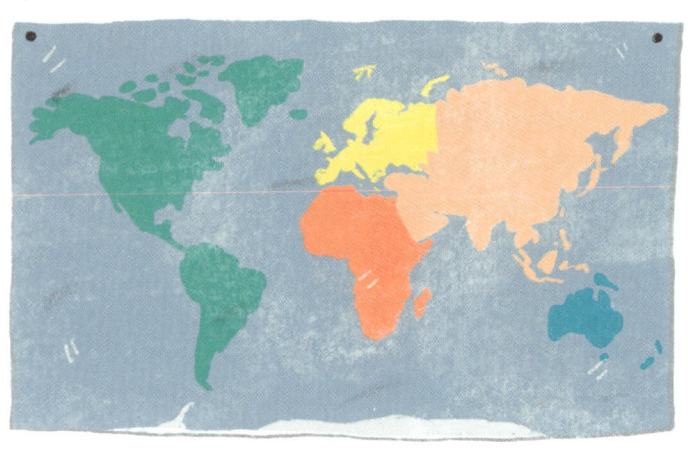

지구를 돌보는 일을 친구들과 함께하면 더 좋겠지?

환경을 지키는 캠페인

병뚜껑을 모아서 형편이 어려운 아이들 치료비를 마련하려는 병원이 있대. 플라스틱을 재활용하고, 다른 사람을 도울 수 있는 좋은 일이어서 반에서 병뚜껑을 모으는 **캠페인**을 했어.

지구를 위한 행진

사람들에게 지구 환경 문제의 심각함을 알리려고 길을 걷는 거야. 전 세계 곳곳에서 하고 있대. 처음엔 내가 할 수 있을까 두려웠는데 친구들과 함께해서 용기 내어 할 수 있었어!

코도 내 낡은 스웨터로 만든 녹색 망토를 두르고 우리를 따라나섰어. 망토에 "물을 아껴 쓰자!"라고 썼는데, 성공적이었어! 사람들이 망토를 두른 코 사진을 엄청 찍었거든!

물론 행진을 한다고 바로 환경 문제가 해결되는 건 아니야. 하지만 지구 환경에 대한 관심을 사람들에게 일으킬 수는 있었어. 지구를 돌보려면 여러 사람의 관심과 참여가 필요해!

내가 가장 좋아하는 정원

난 주말마다 할아버지 집에 가.
내가 정말 좋아하는 정원이 있거든.
할아버지와 정원을 가꾸면서 꽃과 풀 이름과
식물들이 어디에 쓰이면 좋은지 알게 되었어.
카모마일은 차를 만들어 마시면 복통에 좋고
마티코는 상처를 치료할 때 쓰여.

생태계 평형

1958년 중국에서 참새가 곡물을
쪼아 먹는 나쁜 새라며 4년 만에 참새를
모조리 없애 버린 일이 있었어.
그러자 참새 먹이였던 벌레들이 엄청나게 번식했고,
곡식을 다 먹어 치웠어! 여러 생물이 먹고 먹히는
관계로 생태계 평형이 유지되는데
중국 참새처럼 사람이 어느 종을 박멸하면
생태계 평형이 무너지고 안 좋은 일이 벌어져!

정원에서 쥐며느리, 달팽이, 무당벌레 등을 쉽게
만나는데 달팽이 빼고는 모두 도망치기 선수야.
난 무당벌레를 보면 뿌리나 줄기가 병든 나무 옆에
가져다 둬. 무당벌레는 진딧물 같은 해충을
잡아먹거든. 내가 벌레들을 오래 본 경험에 비추어
한마디 한다면, 아주 작은 벌레들도 자연 생태계
평형에 이바지하고 있다는 거야!

바다를 아끼자!

바다에는 우리가 잘 아는 물고기와
해조만 살지 않아. 바다 생물 25퍼센트가
집으로 쓰고 있는 산호부터 고래, 문어, 거북이,
바다사자와 펭귄까지!
정말 다양한 생물이 많이 살고 있어.

어른이 되면
바다를 돌보는 사람들과
함께 일하고 싶어.
바다 생명을 위해
꼭 해야 할 일이니까!

모든 생물은 탄소로 이루어졌어

키가 큰 너도밤나무 잎과 바다 속에 사는 낙지의 촉수, 작은 개미와 멸종한 공룡
그리고 인간의 몸까지, 모든 생물은 **탄소 화합물**로 이루어졌어.
탄소 화합물은 탄소가 다른 원소와 결합한 물질을 말해.
탄소는 지구 표면을 둘러싼 지각에서 열다섯 번째로 풍부한 원소로
공기 중에서는 이산화 탄소 형태로 존재하는데
이산화 탄소는 탄소 원자 한 개에 산소 원자 두 개가 결합한 화합물이야.

이산화 탄소

식물은 탄소를 어떻게 얻을까?

식물은 공기 중에 존재하는 이산화 탄소를 흡수해서 탄소를 얻어. 식물은 잎에 있는 엽록소에서 흡수한 빛 에너지를 이용해서 물과 이산화 탄소로 포도당과 산소를 만들어. 이러한 과정을 **광합성**이라고 하는데 이때 만들어진 포도당은 녹말의 형태로 저장하고 산소는 공기 중에 배출해.

동물은 탄소를 어떻게 얻을까?

동물은 먹거리에서 탄소를 얻어.
풀과 같은 식물을 먹거나 식물을 먹는 초식 동물을 먹어서 탄소 화합물이 몸에 생기는 거야.

대기 중에 이산화 탄소가 너무 많으면?

탄소로 이뤄진 이산화 탄소가 대기 중에 많아지면
생물에게 좋을 것 같지만 정답은 "그렇지 않다."야.
지구 대기 중에 이산화 탄소가 많아지면 지구 밖으로 나가는
열 에너지를 붙잡아서 지구 온도가 높아져.

대기 중에 이산화 탄소가 너무 많으면?

지구 평균 기온이 1도만 올라도 수백 종의 생물이 멸종한다고 했어.
그런데 인류는 끊임없이 화석 연료를 쓰고 있어. 화석 연료를 쓰면 쓸수록
대기 중의 이산화 탄소는 늘어나는데, 이건 정말 심각한 문제야!

석탄, 석유, 천연가스와 같은
화석 연료는 수백만 년 전에
죽은 생물들이 땅속에서
높은 열과 압력을 받아
변한 물질이야.

지구의 자원은 무한할까?

우리 주변의 모든 물건은 지구에서 얻은 자원으로 이루어졌어.
유리로 만든 컵을 두고 생각해 볼까?
유리컵은 지구 곳곳에서 모래, 규소, 칼슘, 나트륨 등의
자원을 구해 와서 유리를 만드는 공장에서 만들어져.
이때 모든 과정에서 석유가 빠지지 않고 쓰이지.
바다 깊은 곳에서 뽑은 석유는 물건을 운반하는
연료로도 쓰이고 공장에서 기계를 움직일 때에도 쓰이지.

물건들은 어떻게 만들어질까?

자전거나 스케이트, 책과 장난감 등, 네가 좋아하는 물건을 한번 살펴봐. 그리고 어떻게 만들어졌는지 분석해 봐. 어떤 자원이 쓰였는지, 어디에서 구할 수 있는지, 어느 공장에서 만들었는지, 망가져서 더는 사용할 수 없게 되면 어떻게 처리하는지 생각해 보자.

지구 자원은 무한하지 않아! 아껴 쓸 것을 약속하자!

석유

지구는 다시 건강해질 수 있을까?

지금부터라도 자원을 아끼고 자연 환경을 보호하면 지구는 건강해질 거야.
나 한 사람의 행동이 지구에 얼마나 큰 영향을 주겠느냐며 포기하지 말고
나부터 환경을 지키는 행동을 실천하자.
그럼 지구와 지구 생명체 모두가 건강하고 행복하게 살 수 있어!
지구는 다른 생명들과 함께 쓰는 곳이고 미래에 후손들이 살아갈 곳이야.
아름답고 건강한 지구에서 삶이 지속될 수 있게 지금 당장 우리는
환경을 보호하고 가꾸는 일을 실천해야 해!

위험에 처한 생태계

만약 우리가 지금처럼 환경을 파괴하며
자원을 낭비하고, 다른 생명에 관심을
기울이지 않고 산다면 지구에서 멸종되어
사라지는 동물과 식물은 점점 늘어날 거야.

멸종되는 동물

현재 곤충들이 빠른 속도로 멸종되고 있어. 이미 전체 곤충의 40퍼센트 이하만 살아남았고,
그중 10퍼센트는 곧 멸종할 위기에 처해 있어. 곤충은 생태계에서 식물의 번식을 돕고 해충을 잡아먹고,
땅을 기름지게 하는 고마운 존재야. 곤충이 사라지면 해충은 늘어나고, 곤충을 먹고 사는 새들은
멸종 위기에 처할 거야. 식물은 꽃을 못 피우니, 사람들은 작물을 거둘 수 없고. 정말 큰 문제야.
어른들도 많은 대책을 세우겠지만 우리도 뭔가 스스로 할 수 있는 일을 찾아야 해.
지구에서 사라지는 동물들이 없도록 말이야.
지금부터 우리가 지구를 위해 할 수 있는 일들을 알려 줄게.

**나와 함께 지속 가능한 세상을
위해 노력하지 않을래?**

2 제로 웨이스트, 쓰레기를 줄이자!

미국에서 1970년대에 자원을 아끼자면서 시작한 환경 운동이 있어.
물건을 **다시 쓰고(Reuse), 고쳐 쓰고(Repair), 적게 쓰고(Reduce), 재활용하는(Recycle)** 거야.
재미있게도 모두 알파벳 R로 시작해서 '환경을 지키는 알파벳 R'이라고도 불러.
요즘은 여기에 지속 가능한 삶에 초점을 맞춘 새로운 방법들이 더해졌는데,
함께 알아보자!

일회용품은 거절하기

한 번만 쓰고 버리는 일회용품을 주면 거절해(Reject) 봐.
예를 들면 차를 담아 주는 일회용 컵이나 일회용 도시락 통,
플라스틱 포크, 아이스크림을 담는 컵 같은 거 말이야.
물론 네가 차를 담을 물병이나 도시락 통과 수저를 갖고 있어야
하겠지. 아이스크림을 시킬 때는 아이스크림콘으로
주문하고 말이야.

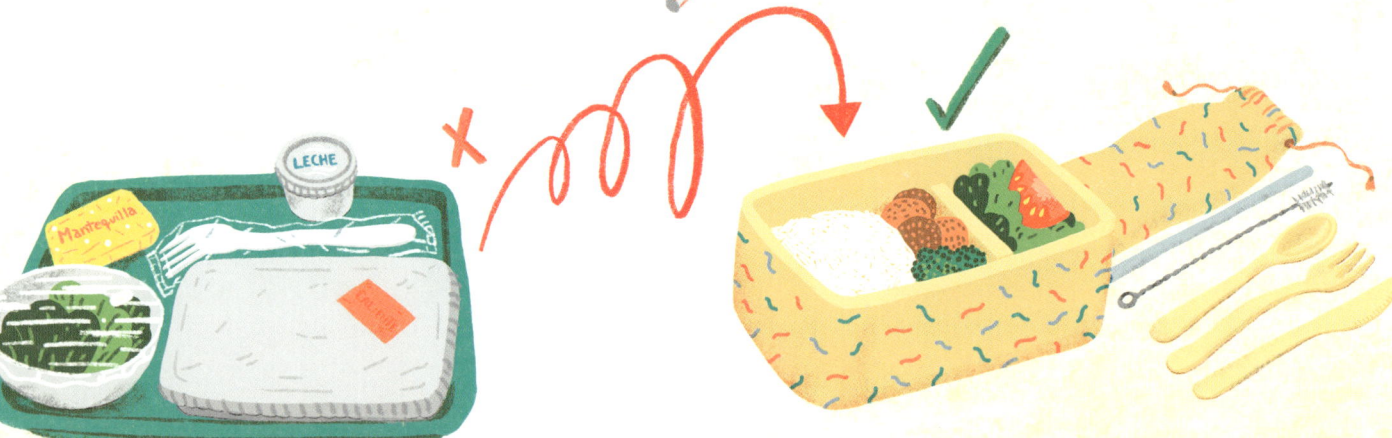

잠깐 쓰고 버리는
일회용품을 만드는 데
쓰이는 플라스틱과 비닐,
스티로폼은 땅속에서 썩어
없어지는 데 수백 년이 걸려.
일회용품은 쓰지 말자!

재사용하기

다 쓴 물건에 또 다른 삶을 부여하는 거야. 나는 공방에 가서 낡은 스웨터로 다용도 주머니와 청소용 걸레, 손수건을 만들어 왔어. 내가 직접 만든 거라 훨씬 소중한 느낌이 들었어. 이처럼 물건을 버리기 전에 다시 쓸 방법을 궁리해 봐. 뚜껑이 있는 유리병은 다 쓰고 나면 과일 주스를 담는 용도로, 빈 병은 콩이나 쌀을 보관하는 용도로 다시 쓸 수 있어. 혹시 누군가 나무 판자를 버렸다면 부모님과 함께 화분 진열장이나 책을 두는 선반으로 만들어 봐.

재사용할 방법은 무궁무진해!
네게 더 이상 필요하지 않은 물건은 필요한 사람에게 주거나, 새로운 용도로 바꿔 쓸 것을 생각해 봐. 쓰레기로 보지 말고 다른 물건을 만들 재료로 봐야 해.

쓰레기를 줄이자

쓰레기가 너무 많아졌어. 매립할 곳도 부족하다는데 함께 쓰레기를 줄여 보자.
물건을 살 때 포장재가 없는 물건을 사는 거야! 물론 쉬운 일은 아니야.
이미 과자와 과일이 일회용품 상자에 포장된 채로 매대에 진열되어 있으니까 말이야.
이럴 때는 친구들과 함께 마트나 과자 회사에 포장지를 줄여 달라고 온라인 게시판을 통해 이야기해 봐.
여럿이 이야기하면 귀 기울여 들을 거야. 또, 시장에 갈 때 **장바구니**를 챙겨 가서 채소를 사 오는 것도
쓰레기를 줄이는 좋은 방법이지. 혹은 **재활용이 가능한 용기**에 담은 것을 대량으로 한 번에 구매하거나
우유나 잼을 살 때 재활용과 재사용이 쉬운 유리에 담긴 걸 고르면 어떨까?

가장 중요한 점!
비닐봉지를 안 받으려면
잊지 말고 장바구니를
언제나 가지고 다니자.

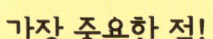

수리해서 쓰기

물건이 고장이 나거나 옷이 찢어졌을 때 그냥 휙 쓰레기통에 버리지 말자!
고장이 난 물건은 고쳐서 쓰면 돼. 곰 인형 눈이 떨어지면 네가 다시 잘 붙여 봐.
달리기를 하다 넘어져서 바지가 찢어지면 꿰매거나 찢어진 부분에 수를 놓아서
고치는 것도 좋은 방법! 물론 이때 고쳐 쓴다고 인형 눈과 옷에 붙이는 패치 등을 새로 사지는 마.
가능하면 지금 가지고 있는 것으로 고쳐 쓰도록 하자.
그리고 물건을 살 때 품질이 좋은 걸 사면 오래 쓸 수 있어. 오래 쓰다 보면 정도 들고,
그러다가 고장이 나면 수리를 해서 물건에 새로운 생명을 주는 거야.
그럼 자원이 유한한 지구에 아주 큰 도움이 돼.
앞으로는 물건을 버리기 전에 다시 고쳐 쓸 수 없는지 고민해 보자!

자원을 재활용하자

재활용은 재사용하고 비슷할 것 같지만 전혀 달라.
재활용은 한 번 사용한 것을 다시 자원으로 만들어서 새 제품의 원료로 쓰는 것을 말해.
유리병은 다시 유리 용기로 만들 수 있고, 캔은 다시 캔으로, 플라스틱 제품은
다른 플라스틱 제품으로 재활용할 수 있어.
그러니까 앞으로 우리가 쓰레기를 버릴 때는
재활용을 염두에 두고 반드시 아래 사항을 지키자.

이물질을 씻어서 버리자.
음식물 남은 것을 버린 다음 깨끗이 씻어 버리자.
종류별로 잘 분류해서 쓰레기 수거 용기에 버리자.

부피를 줄여 버리자.
종이 팩이나 캔은 압축하고, 상자는 따로 버리자.
뚜껑, 코르크 마개, 비닐 봉지 없이 버리자.

깨끗한 용기로 자원 재활용하기

재활용을 하려면 쓰레기를 버릴 때 깨끗한 상태로 버려야 해. 우유 팩은 열어서 내부를 씻은 후 잘 말려서 버려. 캔이나 병은 속에 물을 조금 부어서 씻은 다음 뚜껑과 상표를 제거하고 버려. 상자를 버릴 때도 붙여 있는 비닐 테이프는 전부 떼어 낸 다음에 버리고. 피자나 치킨 등 음식물이 담겨 있던 상자는 음식 얼룩이 없는 것만 재활용할 수 있어. 음식 얼룩이 진 것은 일반 쓰레기로 버려야 해.

제로 웨이스트

제로 웨이스트라고 들어 봤니?
쓰레기를 만들지 않는 생활을 하자는 환경 운동이야.
이를 위해선 앞서 이야기한 일회용품 거절하기, 쓰레기 줄이기, 고쳐 쓰기,
재사용하고 재활용하는 게 중요한 실천 방안이지. 그런데 한 가지 명심할 게 있어.
재활용을 할 때도 결국에는 에너지가 쓰이고 오염 물질이 나올 수 있어.
그러니까 무엇이든 쓰기 전에 정말 나에게 필요한 것인지,
환경을 오염시키는 것은 아닌지를 고민해 봐!

환경을 지키는 쪽으로 바꿔 쓰기

쓰레기를 줄이는 새로운 방법을 알려 줄게.
바로 대체해서 쓰는 거야. 그런데 그냥 비슷한 걸로 대체하는 게 아니야.
바로 환경을 오염시키지 않는 것으로 바꿔 쓰는 것(Replace)이지.
플라스틱을 덜 쓰고 환경을 생각하고 보호하는 생활에 너도 함께하자!
어떻게 하냐고?

- **음료수는 집에서 만든 과일 주스로**
  과일 껍질은 땅에 영양을 줄 수 있지만,
  플라스틱 병은 그렇지 않아.

- **액체 비누나 샴푸는 고체 비누나 샴푸로**
  플라스틱 용기는 자연에서 분해되는 데 많은 시간이
  걸려. 그러나 고체 비누나 샴푸는 용기가 필요 없어.

- **종이 냅킨은 천 냅킨으로**
  나무를 베는 것을 막을 수 있어.

- **포장 용기는 일회용이 아니라
  재활용이 가능한 것으로!**

- **플라스틱 빨대는 재활용이 가능한
  스테인리스 빨대나 종이 빨대로**
  빨대를 쓰지 않고 먹는 게 가장 좋아!

- **플라스틱 통이나 종이컵에 담아 파는
  아이스크림은 아이스크림콘으로 먹자!**

- **플라스틱 전기 포트 대신 스테인리스로 된
  주전자를 쓰자!**
  플라스틱 전기 포트 대신 스테인리스로 된 찻 주전자를
  쓰는거야. 편리함을 위해 여러 종류의 제품을 사기보단
  한 물건을 여러 용도로 쓰는 것도 필요해.

- **요구르트는 사 먹지 말고 집에서 만들어 먹자**
  한국은 1인당 플라스틱 사용량이 세계 평균 사용량의
  3배에 가깝대. 플라스틱을 쓰지 않도록 노력하자!

쓰레기를 줄이는 나만의 친환경 도구

개인 물병을 갖고 다니자!

플라스틱 병에 담긴 물을 사지 않으려면 물을 담을 수 있는 물병이 필요해.

다시 쓸 수 있는 용기를 쓰자!

집 밖에 나가 점심을 먹거나 식당에서 음식을 사 올 때, 집에서 쓰는 용기를 쓰자. 식당엔 미리 준비한 용기에 음식을 담아 달라고 말해 봐. 플라스틱은 수백 년 동안 썩지 않고 환경을 오염시킨다는 걸 기억해!

집에서 쓰는 포크, 나이프, 젓가락 등을 미리 준비하자.

면으로 된 손수건을 쓰자. 아이스크림을 먹거나 이동 중에 뭔가를 먹을 때는 정말 유용하다는 것을 알 수 있을 거야.

환경을 지키는 나만의 물건을 갖고 다니자!

물을 자주 마신다면 물통을 꼭 들고 다니고, 손수건은 가벼우니까 챙겨 다니는 게 좋을 거야. 거리의 쓰레기를 주워 넣을 수 있는 봉투를 하나 들고 다니는 것도 좋지.

너만의 친환경 도구가 있다면 친구들에게도 함께 쓰자고 알려 주렴.

3 유기물 쓰레기로 만든 퇴비

흙에 사는 고마운 친구들이 있어. 바로 **지렁이, 곤충, 균**과 **박테리아**야. 이들은 식물이 잘 자라도록 양분이 많은 흙을 만들어 줘. 물론 우리도 마음만 먹으면 충분히 양분이 많은 흙을 만들 수 있어. 바로 **퇴비** 말이야. 퇴비는 짚과 낙엽, 가축이 싼 똥을 썩혀서 만든 친환경적인 비료야. 난 친구들과 함께 나무 상자에 퇴비를 만들어 봤어.
왜? 집에서 나오는 음식물 쓰레기를 재활용하려고!

유기물 쓰레기가 뭘까?

'유기물'은 **자연에서 나고 자란 모든 것과 그 부산물**을 말해. 예를 들면 과일과 과일 껍질, 채소, 찻잎, 커피 찌꺼기, 달걀 껍데기, 마른 이파리, 나뭇가지, 풀 등이 유기물이야. 쉽게 생각하면 쓰레기로 버렸을 때 자연이나 환경에 나쁜 영향을 끼치지 않고 저절로 분해되는 것이지.

음식을 먹을 때도 환경을 생각하자!

만약 우리가 플라스틱 병에 든 과일 주스나 물을 사 먹으면 플라스틱 쓰레기를 만들지만,
과일을 갈아서 주스로 만들어 먹으면? 과일 껍질과 씨처럼 잘 썩어 없어지는 쓰레기만 나올 거야.
엄마는 여름이면 자두로 '자두청'을 만들어 줘. 시장에서 자두 한 상자를 사 와서 물에 잘 씻은 다음,
커다란 냄비에 자두와 꿀을 넣고 걸쭉해질 때까지 끓여. 그런 다음 소독한 병에 담아 두고서 물에 한 숟가락씩
타면 맛있는 자두 주스를 먹을 수 있어. 겨울에는 주로 사과나 배를 갈아서 마셔. 아침에 막 짠 오렌지
주스나 키위 주스를 마시기도 해. 둘 다 감기를 예방하는 비타민 C가 많이 들어 있어.
채소가 많이 들어간 요리를 만들 때도 유기물 쓰레기가 많이 나와. 그런데 그거 아니? 과일과 채소 껍질에
영양분이 많대. 우리 집은 사과를 잘 씻어서 껍질을 깎지 않고 먹어. 귤도 겨울마다 잼을 만들어 먹는데
껍질까지 갈아서 만들어 먹어. 또, 고구마는 잘 씻어서 통으로 굽거나 삶아 먹어. 엄마는 양파 껍질과
파 뿌리도 버리지 않고 모아 뒀다가 국물 요리를 할 때 써. 정말 맛있어!

집에서 만든 쿠키

과자 포장이 너무 과하다는 이야기 들어 봤지?
박스를 열면 플라스틱 용기가 나오고 그 안에
비닐로 개별 포장된 과자들. 과자 한 상자만 먹어도
엄청나게 많은 쓰레기가 나와. 그것도 잘 썩지 않는
쓰레기들 말이야! 그래서 나는 집에서 직접 쿠키를
구워 먹어. 어렵지 않아. 잘 익은 바나나와 코코아 가루,
우유를 잘 섞어서 견과류를 조금 넣고 프라이팬이나
오븐에 구우면 돼.

음식을 재활용하기

맛있게 음식을 먹고 나오는 음식물 쓰레기는
한편으로는 보물과 같아. 아파트 베란다나
정원이 있는 주택에 산다면, 아니,
식물이 자라는 화분과 정원이 있다면
음식물 쓰레기를 재활용할 수 있어.
퇴비로 만드는 거야.

퇴비를 직접 만들어 보자!

집에서 퇴비를 직접 만들려면 나무 상자나 다 쓰고 남은 스티로폼 통이 필요해. 상자 바닥에 부엽토(풀이나 낙엽이 썩어서 된 흙)를 깔고 지렁이가 살 수 있게 오염되지 않은 흙을 한 층 덮은 다음 부엌에서 나온 음식물 쓰레기를 쌓아 놓으면 끝! 만일 정원이 있다면 나뭇가지나 나뭇잎 그리고 마른 풀을 구해서 가장 위에 덮어 둬. 없으면 다 쓴 종이나 골판지 조각으로 덮어 둬.

퇴비가 되는 과정

음식물 쓰레기가 흙과 잘 섞이도록 2~3일에 한 번은 뒤섞어 줘야 해. 그리고 퇴비를 만드는 동안 공기가 잘 통하게 뚜껑에 구멍을 뚫고 면보나 양파 망과 같은 걸로 잘 막아 둬. 안 그럼 벌레나 새들이 먹이인 줄 알고 찾아올 거야. 며칠이 지나면 발효가 되면서 상자가 뜨끈해지고 가스가 발생할 거야.

결과물

이처럼 음식물 쓰레기로 만든 퇴비를 유기물 퇴비라고 해. **천연 비료**지. **지렁이**를 길러서 부식토라고 양분이 많은 흙을 만드는 사람도 있어. 지렁이는 땅속을 돌아다니면서 흙을 뒤집어 공기를 통하게 하고, 흙을 잘게 부수고, 양분이 많은 배설물까지 내놓으니 부식토를 만드는 데 아주 좋은 일꾼이지.

잊지 말고 해야 할 일

가장 중요한 것은 일주일에 두세 번 퇴비 통에 음식물 쓰레기를 넣어야 해. 매일 넣지는 말고. 그리고 흙과 음식물 쓰레기가 잘 섞이도록 뒤섞는 것도 잊지 마.

사용법

이렇게 만든 퇴비는 영양분이 많을 뿐만 아니라 질도 좋아서 다른 화학 비료를 사지 않고도 식물을 건강하고 행복하게 키우는 데 정말 유용해. 토양을 기름지게 만드는 데 탁월한 효과가 있지. 네가 먹은 채소가 영양분을 줬던 것처럼 채소와 식물에 네가 영양분을 줄 수 있는 퇴비를 만드는 거야. 정말 멋지지 않니?

퇴비의 장점

퇴비는 땅을 건강하게 해 줘. 수분을 유지하는 능력을 키워 줄 뿐만 아니라, 땅 온도를 일정하게 유지해 줘서 질소와 칼륨, 인과 같은 영양분이 풍부해지도록 해 줘. 또한 박테리아와 균류와 같은 미생물들의 활동을 도와서 땅에 더 많은 영양분이 생기게 해 주지. 그렇게 땅이 비옥해지면 더 많은 벌레와 작은 생물들이 늘어나고 다시 또 땅이 비옥해지지. 그럼 건강한 땅에서 건강한 먹거리를 얻게 될 거야.

퇴비를 만드는 지렁이

나는 지렁이를 정말 좋아해. 좋은 일을 하는 지혜로운 벌레이기 때문이지.
지렁이는 검붉은 색으로, 수명은 4년 정도이며, 두세 달마다 한 번씩 자기 몸을 복제할 수 있어. 다시 말해서 지렁이는 언제 가족을 늘려야 할지 잘 알아. 지렁이들은 하루에 거의 자기 몸무게만큼 먹고 피부로 숨을 쉬어. 한번은 아이들이 지렁이를 토막 내는 것을 보았어. 정말 끔찍했어. 토막 난 지렁이를 집에 가져간 적이 있는데 피가 나는 것을 보고 너무 가슴이 아팠어. 엄마는 지렁이들도 신경계를 가지고 있어 다른 동물들과 똑같이 고통을 느낀다고 말씀하셨어. 지렁이는 우리가 버린 쓰레기를 분해해 최고의 거름을 만들어 주고 건강한 흙을 만드는 고마운 생명체야. **장난으로** 괴롭히지 말자.

진짜일까? 가짜일까?
지렁이들은 해를 좋아하지 않아. 그래서 광선 과민증이 있다고들 하나 봐. 그리고 심장이 일곱 개나 된다고 해!

집에서 유기물을 재활용하자!

유기물 쓰레기는 땅에 묻으면 잘 썩는다고 알고 있지만 문제가 있어. 유기물 쓰레기를 땅속에 묻으면 공기가 통하지 않는 상태에서 분해 작용이 일어나며 메탄이라는 가스를 만들어 내. 메탄은 지구를 덥게 하는 온실가스로 지구 온난화에 이산화 탄소보다 21배 더 영향을 줘.
그러니까 잘 썩는다고 해서 땅속에 묻어 버리는 게 정답이 아니란 거야. 유기물 쓰레기를 종량제 봉투에 넣어 버리기 전에 어떻게 하면 재활용할 수 있는지 생각해 보자.

쓰레기 매립지

하루에 수십 톤에 달하는 엄청나게 많은 쓰레기를 묻어 버리는 땅으로 특수한 방수 처리가 되어 있어. 그래야 쓰레기가 분해되면서 만들어진 액체가 대수층을 오염시키지 않을 수 있거든.
대수층은 지표면 아래 토양에 뒤섞인 물로 일종의 지하 호수와 같은 곳이야.

벌을 위한 물그릇을 만들어 두자

퇴비 통을 만들 공간이 없을 수도 있고, 부모님이 허락하지 않을 수도 있어.
그런 너를 위로해 줄 활동 하나를 준비해 봤어. 정말 유용한 것인데, 벌에게 물을 주는 거야.
지금 전 세계 벌들이 위험에 처해 있다는 사실을 알고 있니? 대규모 경작지에서 사용하는 화학 물질은
벌들을 약하게 만들고, '바로아응애'라고 불리는 해충에게 감염되어 죽어 가고 있어.
벌이 사라지면(나비와 땅벌이 없으면) 꿀을 얻을 수 없을 뿐만 아니라 과일이나 야채도 얻을 수 없어.
더운 여름에 벌들이 목말라 죽지 않게 도와주자. 벌을 위한 물통은 아주 간단하게 만들 수 있어. 작은 접시에
물을 담아 놓고 한가운데에 작은 돌멩이를 물 위로 나오게 두면 돼. 아니면 강모래를 조금 담아 둬도 좋지.
벌들이 물을 구하기 힘든 도심과 같은 곳에서 날아다니면서 물을 마시고 와서 쉴 수 있게 해 주는 거야.
겨울에는 검은 돌을 그릇 한가운데 두면, 햇빛을 흡수해서 물을 벌들이 좋아하는 온도까지 데워 줄 거야.

순수한 물을 이용하자!

물에 꿀이나 설탕이 섞이지 않아야 해.
설탕은 벌들에겐 그다지 필요하지 않아.
생존에 도움이 되지 않거든. 벌들은 꿀을 만들고
꿀을 먹고 살지. 그래서 물은 다른 것이 섞이지
않은 순수한 맹물이어야 해. 벌들이 물을 먹는
모습을 너도 한번 봤으면 좋겠다.

벌들이 놀랄 수 있으니까 가까이 가지 마!

눈에 띄진 않지만, 벌통에 모여 사는 벌들은 매일
1리터의 물을 마시기 때문에 그릇에 계속해서
물을 채워 놔야 한다는 것을 곧 깨닫게 될 거야.

환경을 지키는
아이디어는 말이야……
아직도 무궁무진하게
남아 있어!

4 환경을 지키는 공유 모빌리티

공유 모빌리티는 한마디로 **자전거와 자동차, 킥보드 등과 같은 탈것을 함께 이용**하는 거야. 옛날만 해도 자동차나 자전거를 낯선 사람들과 함께 빌려 쓴다고 생각하지 못했었는데, 생활 방식이 변하고 환경에 대한 관심이 늘어나면서 이러한 공유 모빌리티가 점점 늘어나고 있어. 여러 도시에서 공공 자전거를 무인으로 운영하고 있는데 도심처럼 차가 많이 다녀 길이 자주 막히는 곳에서 인기가 아주 많아.

도로에서는 안전이 가장 중요해

도로는 크게 **차도**와 **인도**로 나눌 수 있어. 차도를 다닐 수 있는 건 자동차, 버스, 트럭, 자전거, 오토바이, 전동 카트야.
인도는 사람과 전동 휠체어, 유아차가 다니는 곳이야.
도로는 함께 쓰는 공간이니까 서로 **안전**을 최우선해서 배려하며 써야 해.

환경을 지키는 자전거를 탈 때도 안전하게 타자!

1. 자전거 보호 장비를 갖추자
머리를 보호하는 안전모와 팔꿈치와 무릎을 보호하는 보호대를 착용하는 게 좋아. 신발은 운동화를 신자. 저녁에 자전거를 타고 달린다면 경적과 백색 전조등, 붉은색 후미등을 달고 빛을 반사하는 테이프를 자전거 몸통에 붙이는 게 좋아. 야광 조끼도 착용하면 훨씬 더 나와 다른 운전자의 안전을 지키는 데 도움이 될 거야.

2. 자전거 전용 도로에서 규칙을 지키며 타자
자전거는 차로 분류되어서 차도에서 달려야 하는데 차도에 자전거 전용 도로가 따로 없다면 차도의 바깥쪽에서 타면 돼.

3. 도로 교통 신호와 표지판을 익히고 타자

4. 아는 길도 안전을 위해 신중하게 살피며 가자!

자주 다니는 길이라고 막 달리는 건 아니겠지?
움푹 파인 곳은 없는지, 맨홀 등이 어디 있는지 잘 살피면서 달려야 안전해.

5. 브레이크 밟기!

속도를 줄이기 위해선 뒷바퀴 브레이크를 써야 하는데 잘 작동되는지 확인해 봐.

6. 이런 식으로 수신호를 보낼 수 있어야 해

오른쪽으로 회전   왼쪽으로 회전   멈춤

7. 도로에서 다음 규칙을 지키자!

- 역방향으로 달리지 않기.
- 한 차선에서 두 사람이 나란히 타지 않기.
- 도로가 움푹 파인 곳, 장애물, 자동차, 버스, 길을 건너는 사람과 반려 동물을 언제나 조심하자.
- 자동차 운전자가 너를 꼭 볼 수 있게 달리는 게 중요해. 운전자의 시야에서 벗어난 사각지대에 들어가선 안 돼.
- 자동차 운전자는 물론, 보행자들이 네가 탄 자전거를 알아차릴 수 있게 경적을 울리거나 소리를 내도록!

이런 행동은 금지야!

모든 탈것은 사고가 나면 나만 다치는 게 아니라 주변 사람에게도 영향을 미칠 수 있어. 그러니까 다음 행동은 절대 하지 않기!

전화하기

헤드폰으로 음악 크게 듣기

위험하게 횡단하거나 운전하기

자전거의 장점

자전거는 도시 환경에 도움이 돼. 온실가스나 매연 등을 배출하지 않아서 환경을 오염시키지 않고
공간도 적게 차지해서 주차하기도 쉬워. 또 10~15킬로미터 정도 되는 거리를 이동할 때는
자동차보다 더 빠르고 걷는 것보단 3배 이상 빨라.
그리고 자전거를 타면 심박동 수를 증가시켜서 스트레스를 줄이고
콜레스테롤과 심근경색 질환을 50퍼센트나 줄여 줘.

일년 동안 배출하는 이산화 탄소 양

자전거는
0킬로그램

버스는
278킬로그램

자동차는
557킬로그램

카풀

우리 엄마는 요즘 회사에 갈 때 같은 동네 분들과 함께 차를 타고 가. 여러 사람이 한 대의 차를 함께
타고 가는 걸 '카풀'이라고 한대. 또, 요즘엔 자동차를 가진 사람들이 자기가 쓰지 않을 때 필요한 사람에게
빌려 주는 것도 있대. 모두 환경을 보호하고 자원을 아끼는 데 도움이 되는 일이야. 그렇지 않니?

보행자들이 지켜야 할 일!

인도에서는 자전거를 타지 않고 끌고 가고, 가장자리로 아슬아슬하게 다니지 말자!

길이 합쳐질 때는 항상 좌우를 살피고 걷자.

신호등을 보고 규칙을 지키며 걷자.

도로와 자전거 도로가 아닌 보행자 전용 도로로 다니자.

반려견은 반드시 목줄을 해서 갑자기 뛰어 나가는 위험한 행동을 막자.

길을 건너기 전에 자동차 운전자, 자전거나 오토바이 운전자, 버스 기사와 눈을 맞추고 걸으면 좋을 거야.

아이들은 길을 건널 때 꼭 어른 손을 붙잡고 손을 높이 들고 걷자.

신호등이 초록색으로 바뀌었다고 뛰어가지 말고, 꼭 좌우에서 오는 차가 없는지 살피고 건너자!

나이가 많거나 도움이 필요한 사람은 꼭 도와주기!

5 에너지 뱀파이어를 잡아라!

얼마 전에 에너지를 어떻게 아끼고 보전할지를 찾아봤는데 그러면서 에너지가 어디에서 만들어져서 우리 집까지 오는지 알아봤어. 그런데 정말 놀라운 사실을 알게 되었어. **에너지의 상당량이 중간에 사라지고 있다는 거야!**

에너지는 어디에서 올까?

자동차나 트럭이 움직이려면 석유가 필요해. 석유는 바다 깊은 곳에 있어.
바다 깊은 곳에서 추출한 석유는 배를 타고 각 나라, 각 지역에 있는 주유소로 가는 거야.
요리할 때 쓰는 가스도 땅 깊은 곳에서 뽑아 쓰는데 가스가 모여 있는 '가스전'은 아주 먼 곳에 있어.
우리가 쓰는 대부분의 에너지는 수십 수백 킬로미터 떨어진 곳에서 오는 거니까 더욱 잘 아껴 써야겠지?

에너지의 변신!

물건을 만들거나, 기계나 자동차를 움직이는 데, 식물을 데우거나 추위를 막는 데 에너지가 꼭 있어야 해. 이러한 에너지는 빛, 물, 바람, 석유, 가스나 석탄에서 뽑아서 써. 쉽게 말하면 바람이나 석유에 들어 있는 에너지를 전기나 연료로 바꿔 컴퓨터, 핸드폰, 자동차 엔진 등에 쓰는 거야.

모든 것을 움직이게 하는 에너지!

지금 이 순간에도 지구에서 살아가는 우리는 가스와 석탄, 석유와 같은 에너지에 의지해 살아가고 있어. 옛날만 해도 이런 에너지에 의지하지 않았어. 산에 걸어 올라가 나무를 베어 갖고 불을 피워 요리를 하고 물을 데워 썼어. 배에 돛을 달고 바람의 힘을 빌려 노를 저어 나아갔고 떨어지는 물의 힘으로 물레를 돌려 곡식을 빻았어. 모든 게 천천히 이루어지고 움직였지. 그때나 지금이나 모든 것을 움직이게 하는 건 바로 에너지야.

에너지를 어떻게 돌봐야 할까?

오늘날 도시에서 살아가려면 엄청나게 많은 에너지가 필요해. 잘 봐. 잠에서 깨면 먼저 전등을 켜고 따뜻하게 데워진 물로 씻을 거야. 아침을 먹으려고 가스를 켜서 요리를 하거나 전기로 작동하는 전자레인지에 음식을 데울 거야. 그러고는 학교까지 차를 타고 가겠지? 학교에 가면 교실에 전등이 켜져 있을 거야. 스피커로 방송이 나올 때도 있고. 더운 여름이면 선풍기나 에어컨을 틀 테고, 추운 겨울이면 난로와 같은 난방 기구가 켜지겠지. 어떠니, 정말 많은 에너지를 일상에서 쓰고 있지?

에너지 효율이란?

에너지가 전환되는 과정에서 손실되는 에너지 양이 어느 정도 되는지 나타내는 거야. 에너지 효율이 높을수록 손실되는 에너지 양이 적어. 그래서 전자 제품은 에너지 효율이 높은 걸 사서 쓰면 좋아. 집에서 사용하지 않는 전등을 꺼 두는 것도 에너지 효율을 높이는 거야.

에너지를 아낀다고 달빛 아래에서 공부하지는 마!

공부할 때는 어떤 전등을 쓰는지에 따라 집중도 잘 되고 시력을 보호하는 데도 도움이 돼. 너무 밝아서도 너무 어두워서도 안 돼. 전등에 먼지가 쌓이면 밝기가 떨어지니 전구는 항상 깨끗하게 청소해 두렴.

세탁할 때도 에너지를 아껴 쓰자!

집에 건조기가 있어도, 바람에 빨래를 말리면 건조기를 안 써도 되니까 에너지를 절약할 수 있어. 또, 잘 안 구겨지는 소재로 만든 옷을 입는 것도 필요해. 잘 구겨지는 옷은 다리미질을 해서 입어야 하니까. 팁을 하나 알려 줄게. 빨래를 널 때 손으로 잘 두드려서 구겨진 곳을 펴서 말리면 다리미질을 안 해도 괜찮을 만큼 옷이 펴져. 너도 해 봐!

에너지를 절약할 방법은 정말 많아

텔레비전을 적게 보고, 전기 기구를 이용해 노는 것을 줄이는 것도 하나의 방법이야. 공원에 나가 친구들과 자전거를 타거나 롤러스케이트를 타면서 놀자.

> 에너지는 너를 따뜻하게 해 주고, 어두운 곳을 밝혀 주고, 네가 지금 읽고 있는 이 책을 포함하여 매일 사용하는 여러 가지 물건을 만들어 줘. 그러니까 우리가 지켜야 할 시민의 의무에 에너지를 낭비하지 않는 것도 포함해야 해.

냉장고 문을 자주 열지 말자

문을 많이 열면 에너지 소비가 늘어나. 그리고 따뜻한 물이나 미지근한 음식을 냉장고 안에 넣어도 마찬가지야. 냉장고 안에 있는 다른 음식물의 온도와 똑같이 만들려면 많은 에너지를 써야 하거든.

겨울에는 열을 잘 갈무리하여 잃지 않도록!

환기는 15분 정도만 하고 열기가 새어 나가는 곳이 있는지 잘 살펴보자. 두꺼운 커튼으로 창문으로 빠져나가는 열을 막아 볼까? 그리고 옷을 두툼하게 입고 난로나 난방 기구를 마구 쓰지 마. 추울 때는 내복이나 조끼를 입고 털양말을 신자!

계단을 이용하자!

엘리베이터 대신에 계단을 이용하면 전기 에너지도 아끼고 내 건강도 챙길 수 있어. 그렇지?

물은 한 번만 데우자!

아빠는 요리할 때 전기 포트로 물을 한 번 데우고 남은 물은 보온병에 보관해서 차를 마실 때 써. 자원을 절약하는 아주 좋은 방법이지?

전기 먹는 뱀파이어!

무서운 영화에서 사람들 피를 뽑아 먹는 뱀파이어가 요즘에는 다른 이름으로도 불리는 거 아니?
바로 **전기 먹는 뱀파이어**야. 사람들이 의식하지 못하는 사이에 새어 나가는 전기가 많아서 생긴 이름이야.
네가 신경을 써서 주위를 살펴보면 지금 사용하지 않는데도 콘센트에 꽂혀 있는 전기 코드들을 쉽게 찾을 거야.
핸드폰 충전기부터 텔레비전, 전기밥솥 등이 모두 소량의 전기를 쓰고 있어.
그런데 생각해 봐. 너의 집만이 아니라 너의 동네, 구, 더 나아가 전국에 있는 모든 집에서 새어 나가는 전기를
다 더하면 얼마나 될까? 어마어마하겠지? 그러니까 안 쓰는 전자 제품 코드는 뽑아 두자.
그럼 에너지 절약에 분명 도움이 될 거야!

부모님에게도 매일 사무실에서 나오기 전에 컴퓨터 코드를 뽑아 달라고 부탁하면 어떨까?
아주 높은 층이 아니라면 계단을 이용하고 복도, 사무실, 화장실에는 센서 등을 달자고 부탁드려 보자.
센서 등을 달면 누군가 화장실에 들어가거나 복도를 지나갈 때만 불이 켜질 거야.
우리가 집에서 에너지를 아낄 수 있는 행동을 적어 볼래? 정말 어렵지 않은 방법들이 아주 많다는 걸 알게 될 거야.
에너지를 아끼면 돈도 아끼고 환경에도 도움이 되고 아름다운 자연을 지킬 수 있어.

재생 에너지

태양광 패널을 이용해서 태양에서 얻은 **태양 에너지**(태양광 패널은 주택 옥상과 아파트 베란다에 평면으로 비스듬하게 설치되어 있을 거야.), 아주 커다란 바람개비를 이용해서 바람에서 얻은 **풍력 에너지**(바람이 많이 부는 해변과 높은 산 위에서 쉽게 볼 수 있어.), 땅속 깊은 곳에 있는 열기를 이용한 **지열 에너지**, 바다에서 파도의 강한 움직임에서 뽑아내는 **조력 에너지** 등이 바로 재생 에너지야. 그리고 말이나 동물들의 똥과 같은 유기물이 발효하면서 만들어지는 **바이오가스**가 있는데 바이오가스로 음식이나 물을 데울 수 있어. 지금까지 말한 이 모든 에너지는 우리가 지구 어디에서 사는지에 따라 자유롭게 쓸 수 있고, 절대로 고갈되지 않는 친환경 에너지야.

네가 사는 지역에선 어떤 재생 에너지를 쓰고 있니?

6 부족한 물, 물을 아껴 쓰자!

네가 상상하는 것 이상으로 우리는 일상생활에서 많은 물을 써.
물 없이는 살아가는 게 불가능할 정도야.
놀랍게도 우리가 입는 옷, 공책과 책, 음식 등을
만들 때에도 물이 필요해!

지구엔 물이 충분히 있을까?

물론이야. 지구 표면의 70퍼센트가 물로 덮여 있으니까 물은 충분하지. 하지만 그 물의 **97퍼센트** 정도가 소금물인 **바닷물**이고 나머지 **3퍼센트**가 **민물**이야. 민물은 육지에 흐르는 강이나 호수처럼 소금기가 없는 물을 말해. 그런데 이 민물은 2퍼센트 정도가 빙하로 되어 있고 나머지 1퍼센트 정도가 하천이나 지하수야. 그러니까 우리가 쓸 수 있는 물의 양은 지구 전체 물의 1퍼센트 남짓뿐이라는 거야!

우리는 왜 바닷물은 마시지 못할까?

물론 소금은 요리하는 데 필수적인 조미료지만 너무 많이 먹으면 큰일 나.
사람은 바닷물을 마실 수 없어. 몸을 해치거든. 그렇다고 식물에 줄 수도 없어.
지구 물의 97퍼센트인 바닷물은 바다에 사는 생물들만이 마음껏 먹을 수 있지.
우리가 마실 수 있고 쓸 수 있는 물은 강과 호수에 있는 물과 지하에 흐르는 물,
하늘에서 내리는 빗물뿐이야. 지구 물의 대부분이 수도관이 아닌 바닷물과 빙하로 존재해서
우리가 쓸 수 있는 물은 정말 얼마 되지 않는데, 그렇다면 물을 어떻게 써야 할까?

너는 수학을 좋아하니?

전체 수량을 100으로 해서 그에 따라 비율을 나누는 백분율이 있어.
지구에 존재하는 모든 물의 양을 100이라고 하면 그중 97퍼센트는
소금물이고 나머지 3퍼센트만 **민물**이야. 그런데 민물의 70퍼센트가
빙하야. 즉, 민물 3퍼센트에 70퍼센트를 곱하면 2.1퍼센트가
나오는데 민물 3퍼센트에서 2.1퍼센트를 빼면 0.9퍼센트밖에 안 남아.
그러니까 **우리가 쓸 수 있는 물**은 전체의 0.9퍼센트로 겨우 **1퍼센트**
남짓이란 거지. 충격적인 사실이지?

산업 분야에서 쓰는 물

**면 티셔츠 한 벌을 만들려면
물을 2,700리터나 써야 한다는 것을 알고 있니?**
면화 밭에 물을 줘야 하고 티셔츠에 염색을 하고 세탁을
하는 등 티셔츠 한 장을 만드는 데 물이 정말 많이 쓰여.
면화는 쌀과 밀 다음으로 물이 많이 필요한 작물이야.
면 티셔츠 한 벌을 만들 때 쓰이는 물은 한 사람이
900일 동안 쓸 수 있는 물의 양과 똑같아!

다른 데이터를 알아볼까?

청바지 1킬로그램을 만드는 데에도 1만 1천8백리터의 물이
쓰여. 일부러 낡아 보이게 만들려고 물로 여러 번 세탁하기
때문이지. 수많은 물건들이 만들어지는 과정에서
엄청나게 많은 물이 쓰이고 있어!

식자재에 들어가는 물 소비량

식자재는 음식을 만드는 데 쓰는 재료를 말해. 이런 식자재 1킬로그램을 만드는 데 필요한 물의 양을 알아봤어. 쌀은 1킬로그램당 3,500리터, 옥수수는 1,500리터가 쓰여. 식자재 중에서 **물을 가장 많이 쓰는 건 가축 사육**이야. 그림을 한번 함께 볼까?

채식주의자란?

채식주의자는 고기를 먹지 않고 채소나 과일 같은 식물성 음식을 먹는 사람을 말해. 하지만 채식에도 단계가 있어서 완전히 채소만 먹는 비건과 채소와 우유나 요구르트와 같은 유제품은 먹는 락토, 여기에 달걀처럼 동물이 생산한 것도 먹는 락토오보 등으로 구분할 수 있어. 자료를 찾아보니 우리가 채소와 과일, 쌀, 퀴노아, 귀리와 같은 곡물과 아몬드, 호두, 건포도, 땅콩과 같은 견과류와 콩을 먹는 건 지구의 물을 조금 덜 소비하게 한대. 건강에 좋은 음식을 먹으며 물을 아낄 수 있는 거야!

물 발자국

우리가 일상에서 먹고 쓰는 것을 잘 관리하는 것도
지속 가능한 삶을 위해 해야 할 일이야.
네덜란드의 아르옌 훅스트는 물건을 만들 때 얼마나 많은 물이
쓰이는지 비교해 볼 수 있게 연구한 사람이야.
아르옌은 이 연구를 통해 물 발자국이라는 개념을 만들었어.
물 발자국은 살아가면서 사용한 물의 총량을
발자국으로 표현한 거야.
우리의 물 발자국은 얼마나 될까? 일상에서
물 발자국을 줄이려면 어떻게 해야 할지 알려 줄게.

물 재활용하기
부엌에서 설거지할 때 세제를 사용하지 않으면 설거지할 때 쓴 물을 식물에 줄 수 있어. 집에서 사용하는 많은 물을 재활용할 방법을 생각해 보자. 물을 많이 사용하는 기업에서도 물을 재활용할 기술을 만든다면 정말 좋을 텐데!

세탁기는 가득 채워 사용하기
세탁기는 한 번에 150리터까지 물을 쓸 수 있어. 우리가 하루에 물을 2리터에서 3리터 정도 마신다고 가정하면 세탁을 한 번만 해도 우리가 두 달 동안 마실 물을 한 번에 쓰는 거야! 그러니까 세탁물을 모아 두었다가 한 번에 세탁하는 게 좋겠지?

텃밭 농작물에겐 빗물을 주자!

옷을 잘 관리하자
오래 입어서 낡은 옷이나 작아져서 못 입는 옷은 어떻게 재활용할까? 우리 엄마는 낡은 옷은 잘라서 걸레나 화장을 지우는 수건으로 써. 깨끗하지만 작아져서 못 입는 내 옷은 사촌 동생에게 물려 줘!

7 버려지는 식자재를 줄이자!

사람들은 인류가 현명하다고 믿고 있지만, 정말 그럴까? 인류는 잘못된 일을 똑같이 반복하고 있어!
거대한 에너지 발전소를 만들고 에너지를 낭비하고 함부로 쓰는 것처럼 사람들은 음식들도 똑같이 낭비하고 있어!
예전에는 나도 의식하지 못했어. 그런데 몇 달 전에 아빠와 함께 지역 농산물을 팔고
축제처럼 여러 행사가 열리는 큰 시장에 갔는데 너무 늦게 가서 상인들이 모두 떠난 후에
도착한 거야. 그런데 맙소사! 정말 충격적이었어.
사람들이 모두 떠난 시장 거리에 엄청나게 많은 식자재가 버려져 있는 거야!

집에 돌아와 온라인으로 검색해 보니, 상점이나 슈퍼마켓에서 버려지는 음식물 사진이 엄청나게 많았어.
그러다가 세계 여러 나라에 지부를 두고 있는 **디스코소파칠레**(discosopachile)라고 음식물 쓰레기를 줄이는 시민 운동가들이 운영하는 인스타그램을 찾았어. 거기에서 빵으로 가득 찬 커다란 봉투를 슈퍼마켓 쓰레기통에 던져 놓은 사진을 보고 난 충격에 빠졌지! 그래서 난 일 년에 버려지는 음식물 양이 얼마나 되는지 찾아보았어. 그런데 어른들 머리로도 쉽게 상상할 수 없는 숫자가 나오지 뭐야.
13억 톤이나 되는 음식물이 버려지고 있다는 거야!

이 정도 양이면 세계에서 인구가 가장 많은 중국 사람들이 다 먹고도 남는 양이래. 일 년 동안 약 20억 명이 먹을 수 있는 양이라고!

수산업 분야

엄청나게 잔인하단 생각이 드는 다른 자료도 찾았어. 바다에서 잡은 생물의 50퍼센트가 바다에 버려진다는 거야.
죽은 물고기와 조개 대부분을 그냥 물에 던져 버리는 거지. 망가진 그물 등도 마찬가지고. 바다에 사는 생물은 안전한 걸까?
아니, **바다에서 사는 생물종 3분의 1이 이미 멸종 위험**에 처해 있어.

식자재 손실이란?

식자재란 음식을 만드는 데 쓰는 모든 재료야.
여기에서 식자재 손실은 농부들이 수확한 농산물을
시장에 내다 파는 과정에서 잃게 되는 것을 말해.
농부가 수확한 농산물을 저장할 때 온도가 맞지 않아서
농산물이 썩거나, 농산물을 운송하는 과정에서 문제가
생겨 상품성이 떨어진 농산물을 버리는 거야.
이러한 일은 농부들은 물론이고 시장에서 농산물을
구입하는 소비자들에게도 피해를 주는 일이야.
예를 들어서 어떤 농산물을 운송 과정에서 잃게 되면
시장에서 그 농산물의 가격이 올라 사람들이
쉽게 구하기가 어려울 테니까 말이야.

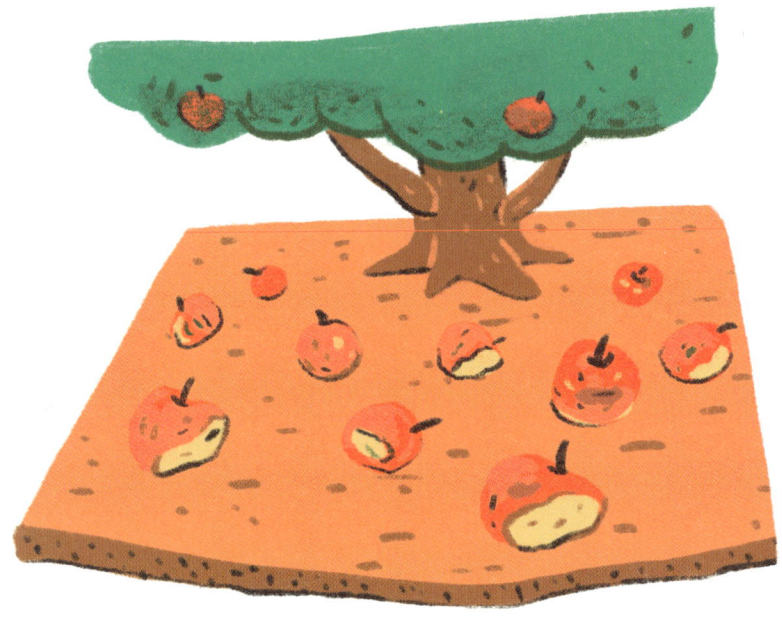

기후 조건이나 가뭄과 홍수, 예기치 않은 냉해
등으로 인해 농부가 안아야 할 손실은 여기에서
이야기하지 말자.

상품성이 없어서 버린다고?

농산물이 운송 과정에서 문제가 없었어도 판매 단계에서
버려지기도 해. 비틀린 모양의 당근처럼
모양이 예쁘지 않은 농산물을 시장이나 슈퍼마켓에서
상품성이 없다면서 팔지 않고 버리는 거야.
충분히 먹을 수 있는 식자재인데도 좋아 보이는 것들만
골라서 팔고 나머지는 버리는 건, 자원 낭비야.
동물 먹이나 퇴비를 만드는 일에 쓰여도 될 텐데 말이야.

개들이 당근을 좋아한다는 것을 알고 있니?
당근은 개들의 건강에도 좋단다.
물론 우리 집 코도 당근을 잘 먹어.

가게나 슈퍼마켓에선 다른 먹거리도 많이 버려지고 있어. 김밥이나 도시락, 잼이나 요구르트와 같은 식품들은 유통 기한이 중요하거든. 그래서 유통 기한이 임박한 상품들을 파는 매대가 따로 있기는 해. 좀 더 싸게 파는 것이지.
며칠 안에 먹을 수 있다면 요구르트나 과자는 이런 매대에서 둘러보고 사도 좋아. 빵집에서도 마찬가지로 만든 지 하루 이틀이 지나 안 팔린 빵은 버리고 있어. 계속 이야기하자니 너무 가슴이 아파.

푸드 뱅크

유럽 몇몇 나라에는 버려지는 먹거리를 활용하는 다양한 봉사 단체가 생겼어. 필요한 사람들에게 무료로 나눠 주거나 싸게 파는 가게를 열기도 하지. 이런 단체들을 푸드 뱅크라고 해. 프랑스에서는 평균적으로 일 인당 일 년에 20킬로그램 정도의 음식물을 버린다고 해. 그래서 법으로 팔 수 없게 된 상품을 슈퍼마켓이 폐기하거나 버리는 것을 금지하고 있어. 버리는 대신 푸드 뱅크와 같은 단체에 기부하도록 하고 있지.

이런 상황에 모순되면서도 받아들이기 어려운 사실은 전 세계에서 10억 명이 넘는 사람이 굶주리고 있다는 거야. 음식이 모든 사람에게 균등하게 분배되지 않아서 그래. 어떤 곳은 음식이 넘쳐 나는데, 반대로 먹을 것이 너무나 부족한 곳도 있다는 거야.

59

음식물이 버려지는 것을 피하려면 어떻게 해야 할까?

1 적게 사자

딱 필요한 만큼만 사고 더는 사지 말아야 해. 시장에 갈 때는 뭘 살지 목록을 적어 가자!

2 음식물을 올바르게 보관하자

상하지 않게 잘 갈무리해서 냉장고에 잘 넣어 두자.

3 음식을 다 먹기

먹을 수 있을 만큼 담아서 먹자!

4 채소 요리하는 법을 배우자

채소 줄기와 잎은 버려야 하는 부분과 먹을 수 있는 부분이 있어. 예를 들어 셀러리의 질긴 잎맥과 브로콜리 줄기 등은 먹기가 힘들어. 물론 브로콜리 줄기를 데쳐서 먹는 요리법도 있다고는 해. 할머니는 감자 껍질로 감자칩을 만들어 줬었고 아보카도 씨를 갈아서 피부에 난 뾰루지에 발라 주기도 했었어. 양상추 같은 채소가 시들었을 때는 차가운 물에 담가 두면 다시 싱싱해져! 요리법을 알면 버리지 않고 요리해 먹을 수 있을 거야!

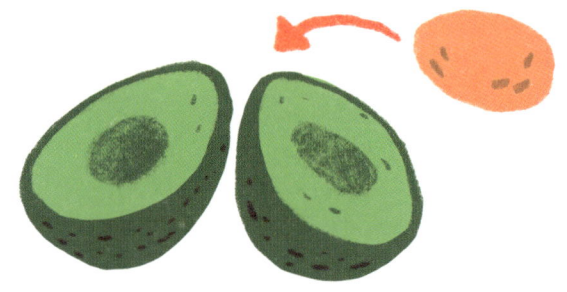

5. 다른 사람과 나누자!
너무 많아서 다 못 먹을 것 같으면 친구들이나 이웃들 혹은 가족에게 나눠 주는 것이 좋아.

6. 지역에서 난 식품을 사자
먼 거리를 오가며 상할 위험도 없고 무엇보다 탄소 발생량을 줄일 수 있어!

7. 계절에 맞는 소비를 하자
겨울 토마토는 제맛을 내지 못해. 제철에 나는 채소와 과일을 먹자. 그게 더 건강에도 좋고 맛도 좋아!

8. 배고플 때 물건을 사지 말자
시장에 장을 보러 갈 때는 지나치게 많이 사는 것을 피하기 위해서라도 든든하게 먹고 가야 해.

충분히 바꿀 수 있는 일인데, 정말 슬퍼!
어리석은 짓을 하면서 그런 사실도 모른다면, 어떻게 지구를 지킬 수 있는 새로운 방법을 이야기할 수 있겠니? 지금처럼 계속 지구를 돌보지 않고 이용만 한다면 지구는 금방 망가질 거야.
얼마나 많은 산업 분야에서 이와 같은 일이 일어날까?

8 의식 있는 소비를 하자

친구가 나에게 의식 있는 소비가 무엇인지 물어봤어.
"내 강아지 코처럼 행동하거나 코처럼 행동하지 않는 거야."라고 대답하자
"말도 안 되는 소리!"라는 눈빛으로 날 바라봤어. 그렇지만 난 정말 진심으로 한 말이야.
코는 물건을 아끼고 조심히 다뤄. 어릴 때도 내 신발을 물어뜯거나 가구를 망가뜨리지도 않았어.
내가 생각하는 **의식 있는 소비**란 이런 거야. 지구에 있는 자원은 유한하다는 걸 언제나 기억하고
물건을 사거나 쓰는 거야. 우리가 지구에 있는 자원을
다 써 버리면 더 이상 지구에서 살기 어려워.
우주에는 지구를 대신할 다른 행성이 없다는 걸 기억해!

아메리카식 복장

가장행렬용 의상 반값 할인

슈퍼에서 아이스크림이나 사탕 한 개를 살 때도, 생일에 옷을 선물 받을 때에도 예전보다 훨씬 더 신중하게 생각하자. 환경을 오염시키는 쓰레기가 많이 나오는 건 아닌지, 유행을 따라서 갖고 싶은 건 아닌지 등 지속 가능한 삶을 위해 여러 방면으로 고민한 후에 물건을 사거나 선물을 고르자고!

책임 있는 소비자

구매를 결정했다면 물건을 적절한 용도로 잘 사용하고 망가지면 다시 고쳐서 쓸 방법을 찾아야 해. 해진 옷을 잘라 손걸레로 쓰는 등 다 쓴 물건에 두 번째 삶을 안겨 주는 책임을 잊지 마. 네가 가진 모든 물건의 주인으로서 반드시 해야 할 일이야. 그러니까 **어떤 게 새로 사고 싶거나 필요하다고 말하기 전에 다음과 같은 질문을 꼭 해 보자!**

> 더 많은 상품을 팔려고 일 년에 200번도 넘게 유행을 바꾼 옷 브랜드가 있다는 걸 알고 있니?

> 진짜 좋아하는 걸까? 아니면 유행을 따라 생긴 마음일까?

> 누가 만들었지? 어디에서 만들어졌을까?

> 얼마나 오랫동안 사용할까?

> 더는 좋아하지 않거나 필요하지 않으면 이걸 갖고 어떻게 다시 쓸 수 있을까?

마지막으로 **정말 필요한지 물어봐.** 만약 대답이 아니라고 나오면 그냥 가던 길을 가면 되고, 만약 그렇다고 생각하면 그것은 사도 돼. 하지만 절대로 자기를 속여서는 안 돼.

물건의 수명이 정해져 있다고?

요즘 우리가 사는 물건 대부분이 기업에서 의도적으로 오래 쓸 수 없도록, 어느 정도 쓰다가 다시 새것을 사도록 만들었대. 이런 걸 전문적인 용어로 **'계획적 진부화'**라고 해. 나도 이번에 아빠와 함께 물건의 수명을 알아보다가 처음 들은 말이야. 놀랍지 않니? 물건을 만들 때 다시 또 물건을 사게 하려고 일부러 정해진 기간 동안만 쓸 수 있게 만든다니!

옛날 물건과 요즘 물건의 차이

잘 생각해 보면 우리 집에는 끊임없이 새 물건이 들어오고 나가는데, 할아버지, 할머니 집에 가면 오래된 가구와 물건들이 여전히 잘 쓰이고 있어. 아빠는 이게 바로 옛날 물건과 요즘 물건의 차이래. 요즘은 일부러 오래 못 쓰게 품질이 떨어지는 물건을 만드는 거야. 거의 모든 게 다 그래. 전구와 옷 대부분, 특히 팬티와 양말은 어느 정도 입다 보면 구멍이 나잖아. 오래 가지 못하게 대충 만들어서 그래. 못 믿겠다고?

구멍이 나지 않는 양말

1939년에 '듀퐁'이라는 회사에서 나일론 스타킹을 발명했어. (예전에는 비단 양말밖엔 없었는데, 비단 양말은 값이 굉장히 비쌌어.) 나일론 스타킹은 질이 굉장히 좋은데 좀처럼 구멍이 나지 않는 제품이었어. 스타킹을 엮어 만든 밧줄로 자동차를 끌기까지 했으니까. 정말 질긴 양말이었지. 그런데 회사는 발명품의 문제를 금세 깨달았어. 많은 여자들이 구멍이 나지 않고 오래 신는 스타킹을 살 텐데, 구멍이 나지 않으니까 다시 사지 않는다는 거야.

그래서 회사에선 연구진에게 자외선과 산소를 차단하는 첨가물을 바꿔서 넣으라고 했어. 햇빛이나 바람에 약해져서 쉽게 구멍이 날 수 있게 양말을 만들라고 한 거야. 그래야 사람들이 양말이 해지면 다시 새 양말을 살 테니까.

이런 식으로 산업이 발전하면서 쓰레기가 대량 생산되었지. 다가올 미래와 지구에서 살 후손을 배려하지 않는 경제 체제를 만들어 버린 거야!

미국에 있는 한 소방서에 100년이 넘게 쓴 전구가 있다는 걸 알고 있니?

이 전구는 1901년부터 지금까지 소방서에서 계속 켜 둔 채로 쓰고 있대. 소방관들이 화재로 비상 출동을 할 때를 대비해서 항상 켜 둔 전구거든. 놀랍지 않니? 이 전구처럼 지구가 계속해서 잘 움직이려면 우리가 쓰는 물건들이 오래가야 해.

순환 경제

앞에서 말한 문제의 해결책으로 **순환 경제**를 주목하고 있어. 자원 절약과 재활용으로 지속 가능한 삶을 추구하는 경제 모델이야. 기업이 제품을 만들 때 포장재를 쓰지 않거나 재활용이 가능한 마분지 같은 유기물 포장재를 쓰는 거지.
이를 위해서는 기업과 정부, 국민들이 모두 관심을 갖고 적극적으로 행동해야 해.

사는 대신 빌려 쓰자!

모두가 킥보드나 자동차, 자전거를 갖고 있다면 어떨까? 아마도 주차할 공간이 부족하고, 매일 타지도 않는데 내야 할 세금이나 관리 비용이 들어서 아까울 거야.
앞서 이야기했던 공유 모빌리티 기억하지?
이처럼 물건을 꼭 사야 할지, 빌려 쓸 수는 없는지 생각해 봐.

물건은 적게 소유하고 경험을 많이 한다는 생각!
예전에 할아버지가 나한테 이렇게 말했었어. 무언가를 살 때 고민이 된다면 사지 말고, 무언가를 경험할 때 고민이 된다면 도전해 보라고 말이야.
넌 어떻게 생각하니?

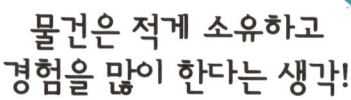

땅에 돌려주자!

모든 생명은 언젠가는 죽어서 자연으로 다시 돌아가. 나무 위에 집을 짓고 사는 새들을 보면 그들의 삶이 자연에 아무 해가 되지 않는다는 걸 알 수 있어. 나뭇가지로 지은 둥지는 시간이 흐르면 낡아서 땅에 떨어지고 썩어 없어질 거야. 이처럼 우리가 만들고 쓰는 물건들도 자연에 해를 끼치지 않고 사라진다면 얼마나 좋을까?

자연에 해를 끼치지 않는 물건을 만들어 쓰자

쉽지 않다고 느낄 수 있어. 하지만 환경과 지속 가능한 삶에 관심이 많은 사람들과 기업이 점점 늘어나고 있어. 우리도 그들과 함께 노력해 보자. 엄마는 음식을 자르는 도마와 식기구를 나무로 만든 걸로 쓰고 있어. 옷을 살 때는 천연 재료로 만든 것을 사 입고. 잘 살펴보면 생각보다 우리가 실천할 수 있는 일들이 많으니까 함께하지 않을래?

의식 있는 소비를 하자!

생일 파티를 할 때도 우리는 지속 가능한 파티를 할 수 있어! 일회용 컵이나 접시는 쓰지 않고 재활용할 수 있는 천과 다시 쓸 수 있는 노끈으로 장식품을 만들어 봐. 퇴비로 만들 수 있게 음식물 쓰레기는 한쪽에 잘 모아 두고. 당연히 건강에도 좋고 지구 환경을 해치지 않는 건강한 음식으로 차려야겠지?

잘 먹는다는 것은 말이야

이제부터 '잘 먹는다.'는 뜻은 건강과 환경을 지키는 음식을 먹는 것이라고 기억하자. 알록달록하고 반질거리는 과자나 설탕이 많이 든 음식은 몸에 좋지 않아. 그런데 달고 자극적인 맛에 익숙해지면 채소나 과일이 가진 본연의 맛을 느낄 수 없게 돼. 왜냐하면 맛있게 느껴지지 않으니까 말이야. 채소나 과일에 비타민이 많이 들어 있는 거 알지? 건강을 지키고 환경을 보호하는 음식은 식재료 본연의 맛을 느끼게 요리한 거야.
이런 음식을 먹는 게 바로 '잘 먹는다.'라는 걸 잊지 말자!

의식 있는 소비를 위해 함께 노력해 볼래?

위의 팻말은 친구들과 함께 지키고 싶은 일들이야.
모두 의식 있는 소비를 위한 일이지. 이러한 행동이 지속 가능한 삶을 위한 일이니까,
친구들도 함께 동참해 줄 거지?
지구는 하나뿐인 우리 행성이고, 지구의 자원은 유한하다는 걸 꼭 기억하렴!

9 직접 만들어 쓰기

어쩌면 무언가를 사는 것 자체가 환경에 아무 도움이 안 되는 것일지도 몰라. 하지만 살며 필요한 것은 계속 생기잖아? 그럼 안 사고 직접 내가 만든다면 어떨까?

제철 과일로 집에서 만든 주스와 음료수 중에서 무엇을 좋아하니?

집에서 만든 주스를 좋아한다면 좋은 길로 가고 있는 거야! 왜냐고? 과일을 주스로 만들어 먹는 과정에선 자연을 해하는 것이 나오지 않거든. 물론 너무 먼 나라에서 나는 과일이 아닌 가까운 지역에서 제철에 나오는 과일을 고르자고!

반대로 음료수는 특별한 물로 만들어져(생수가 아니야!). 색을 내는 가공 염료, 맛을 내는 첨가제, 다량의 백색 설탕 그리고 하나하나 열거하기 어려운 이름으로 불리는 합성 첨가물이 들어가 있어. 음료수 병에 적힌 재료들만 봐도 금방 알 거야. 또, 어떤 음료수에는 카페인이라고 어린이들이 먹으면 좋지 않은 게 들어가 있어. 그러니까 음료수보다는 생과일주스가 더 몸에 좋겠지?

옛날에 할머니 할아버지가 살던 때는 말이야

집에서 기른 과일과 채소들을 수확해서 음식을 만들어 먹었어.
할머니, 할아버지가 어릴 때부터 다니던 오래된 상점이 있는데, 그곳은 지금도 유리병에 올리브,
포도주, 설탕, 강낭콩, 쌀과 콩을 담아서 팔고 있어. 사탕도 팔아! 옛날 방식대로 물건을 파는 그곳에
할머니랑 함께 간 적이 있는데, 비닐봉지 대신 종이로 된 봉투에 물건을 담아 줘. 옛날에는 음식을 데우려면
냄비 속에 그릇을 넣고 중탕으로 데웠었대. 가스 오븐과 전기 오븐은 없었고 장작을 태워 그 불로 요리를 했었대.
우리는 케첩이나 마요네즈 소스도 플라스틱 통에 든 걸 사서 쓰지만 할머니는 모두 집에서 만들어서 쓰셨어.
정말 놀랍지? 또, 부엌에서 꼭 지켜야 할 규칙이 있었는데 음식을 절대로 버리지 않는 거야.
만약 요리를 하다가 식재료가 남으면 그걸 잘 모아 두었다가 다른 요리를 할 때 쓰고,
음식을 먹다가 남으면 가축 사료로 주었다고 해.

옛날에는 우유를 어디에서 샀을까?

우유는 슈퍼에서 사 오는 걸로만 알고 있었는데,
할머니가 어렸을 적에는 언니와 함께 오후 4시만 되면
동네 축사에 가서 우유를 받아 왔대. 따끈한 우유를
사 온 거야! 한 번도 방금 막 짠 우유를 먹어 본 적이
없는데 그 맛이 너무 궁금해!

집에서 요리하기

오늘은 집에서 할머니가 주신 콩과 아몬드와 호두를 갈아 만든 식물성 우유로 죽을 만들어 먹었어. 식물성 우유라고 하는 건, 소나 당나귀 같은 동물에게서 얻은 우유가 아닌, 아몬드, 호두와 같은 견과류로 만든 우유이기 때문이야. 부엌에서 너도 부모님과 함께 건강한 음식을 만들어 봐!
우리 아빠는 빵과 피자를 정말 잘 만들어. 아빠는 반죽을 만들고 숙성시킨 다음, 화로에 넣고 굽는데, 얼마나 맛있는지 몰라. 네가 한번 먹어 봐야 할 텐데! 우리 가족은 항상 제철 과일로 청과 잼을 만들어. 과일에 설탕을 넣고 푹 끓인 다음 유리병에 넣고 보관해.
과일로 만든 청은 차로도 먹고, 주스로도 마시고, 잼은 빵에 발라 먹거나 쿠키를 만들 때 위에 얹어서 먹어. 얼마나 달콤한지 몰라.
내가 가장 좋아하는 것은 계피를 넣은 사과잼이야.

발효 음식

한국을 대표하는 전통 음식이 김치, 맞지?
김치는 대표적인 발효 음식이야. 발효 음식은
미생물들이 식재료를 분해하며 몸에 좋은 유익한
균을 많이 만드는, 몸에 좋은 음식이지. 발효 음식은
우리 몸의 소화와 영양분 흡수를 도와줘.
칠레에도 많은 발효 음식이 있는데, 식재료에 따라
발효되는 특징이 달라. 내가 우리 집에서 만든
발효 음식들을 소개해 줄게.

천연 발효종으로 만든 빵

세계적으로 유명한 한국 김치, 요거트, 치즈, 오이 피클 등 발효 음식은 건강에도 좋고 맛도 좋아.
아빠는 피자와 빵을 만들 때 인스턴트 이스트를 쓰지 않고 집에서 발효시킨 천연 발효종을 써.
발효종을 만들기는 어렵고, 또 만드는 데 드는 시간도 오래 걸리지만 아빠 말로는 소화에도 도움이 되고
훨씬 쫄깃한 맛을 낼 수 있대. 아빠가 만든 천연 발효 빵에 소세지를 올리고 채식 마요네즈를 뿌리면 정말 맛있어.
채식 마요네즈는 당근과 삶은 감자, 마늘, 소금, 올리브유 등을 넣어 만드는데 슈퍼에서 파는 마요네즈와 맛이 똑같아!
건강에 좋은 음식을 맛있게 먹어 봐!

조리된 음식은 덜 먹어야 할까?

슈퍼마켓이나 가게에서 파는 식재료나 음식들 대부분은 유통 기한을 유지하려고
방부제를 넣어. 그뿐만 아니라 맛을 내는 화학 첨가물도 넣는데, 이런 것들이
우리 건강에 좋지 않아. 또 음식 본연의 맛을 볼 기회도 잃게 하고 말이야.
식품을 살 때 꼭 어떤 재료들이 들어가 있는지를 살피면 좋겠어.
네가 모르는 어려운 이름의 용어들을 보면 그건 화학적으로 만들어 냈을 가능성이 커.
예를 들어서 소를 키울 때 소가 병이 들지 않게 항생제 주사를 맞히는데, 항생제 주사를 맞히면
빨리 몸무게를 늘릴 수 있대. 그러니까 소를 키워 파는 사람들 입장에서는 항생제 주사를 맞혀서
빨리 키워 팔려고 하겠지(안 그런 곳도 분명 있겠지만!).
아주 적은 양이라도 항생제가 든 고기를 사 먹으면 항생제에 알레르기가 있는 사람에겐
치명적일 수 있어. 그러니까 항상 식품을 살 때는 들어 있는 성분이 무엇인지를 알아보자!

음식이 약이고, 약이 음식이어야 해

널리 알려진 고대 그리스 의사인 히포크라테스가 남긴 명언이야. 좋은 음식을 먹으면 건강을 유지할 수 있다는 것을 의미하지. 많은 약이 자연에서 비롯된다는 것을 의미하기도 하고. 나라마다 원주민 문화가 남긴 전통생활 방식엔 이런 지식이 많이 남아 있어. 복통에 잘 듣는 식물도 있고, 두통이나 열, 감기나 기침, 배변에 도움이 되는, 혹은 설사를 막는 식물도 있거든. 앞으로 더 알아보고 배우고 싶어.

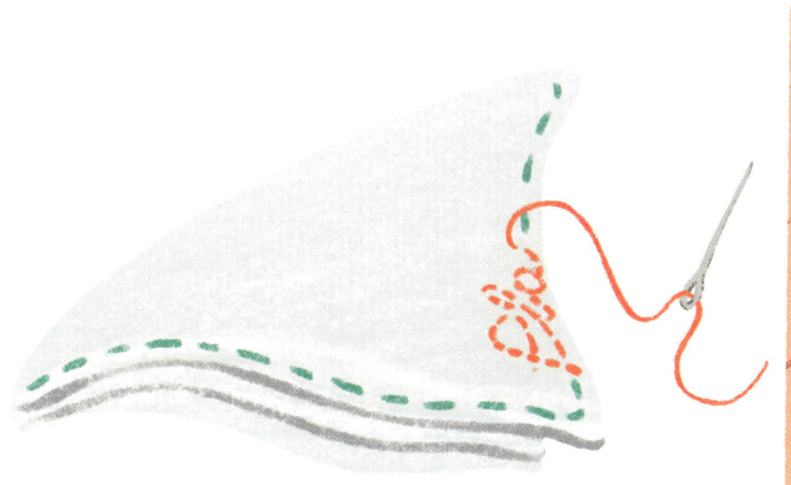

집에서 바느질하기

바느질을 할 수 있는 건 정말 유용한 능력이야! 천만 있으면 얼마든지 필요한 것을 만들 테니까 말이야. 엄마는 바느질을 잘해서 식탁보, 손수건, 커튼과 옷까지 만들어. 어떤 옷은 내가 사는 곳과 정반대에 있는 먼 나라에서 오기도 하는데, 그럴수록 환경에는 도움이 안 돼. 또, 아동 노동으로 만들어진 옷과 물건일 수도 있어! 믿기 어렵지만 아이들을 공장에서 노예처럼 일하게 하는 끔찍한 일이 세계 곳곳에서 벌어지고 있대!

치약을 만들어서 써 보자

플라스틱 튜브에 든 치약 대신 우리가 직접 치약을 만들어 쓸 수 있어. 한 숟갈의 올리브유, 한 숟갈의 베이킹 소다, 맛을 내기 위한 박하 몇 방울, 세균 번식을 막기 위한 에센스 몇 방울만 있으면 돼. 그리고 치약을 쓸 땐 절대로 칫솔모 반을 넘으면 안 돼.

10 지속 가능한 삶을 위하여

우리는 환경 위기의 시대를 살아가고 있어.
생태계 파괴로 인한 문제는 국경을 초월하거든.
잘 알고 있듯이 지구 대부분을 덮고 있는 바다 역시
하나로 연결되어 있어서 한쪽에서 생태계 균형이
깨지거나 오염이 되면 다른 지역 바다에까지
영향을 미쳐. 이러한 상황에서 우리가 지켜야 할 것은
'**지속 가능한 삶**'이야.

지구 환경 위기를
가장 빠르게 해결할 방법은
지구에 사는 모든 인류가
이 일에 참여하는 것이야.

쓰레기를 줄이는 행동을 일상에서 실천하자!

일회용품과 환경을 오염시키는 물건은 거절하고, 환경을 오염시키는 물건은 사지 말자.
소비를 줄이는 게 가장 좋아. 네가 아무리 좋아하는 과자여도 너무 포장이 과해서 쓰레기를 많이 만든다면
먹지 말자. 그리고 물건을 재사용하고 고쳐 쓰고 재활용하는 습관을 들이자!

운동도 하고 이동도 하고, 스스로 움직이자!

어딘가로 가고 싶으면 자전거를 타거나 걷거나 롤러스케이트,
스케이트보드를 타고 가자. 자동차는 여행을 가거나
먼 곳에 있는 친구나 친척 집에 방문할 때만 타자.
매일 출근하는 부모님이 있다면 자동차를 공유하는
카풀이나 대중교통을 이용하라고 이야기해 봐.

에너지를 아껴 쓰자

전기를 끄고, 엘리베이터는 될 수 있으면 타지 말고, 옷은 야외에서 말리고, 세탁은 몰아서 해야 해. 여름에는 건조기를 사용하지 말고, 겨울에 집안 온도만 잘 살피면 난로나 난방기를 계속해서 사용하지 않아도 된단다. 에너지 효율성이 높은 제품을 사용하고, 전기 뱀파이어와 함께하지 않도록 주의를 기울이면 좋겠지.

물을 아껴 쓰자!

목욕할 때, 이를 닦을 때, 그릇을 씻을 때, 옷을 빨 때, 물을 아껴 써야 해. 상품 제조 과정에서 많은 물이 소비된다는 사실을 명심하고. 옷을 너무 자주 빨면 물을 더 많이 쓰게 돼. 음식 역시 식재료를 기를 때부터 요리를 해서 너의 접시에 음식이 담길 때까지 많은 물이 쓰인다는 것을 잊어서는 안 되겠지?

지역 상품을 사용하자

식재료를 살 때는 지역에서 생산한 것을 구매하자. 어떻게 하면 지역에서 생산된 것이라는 것을 알 수 있을까? 라벨을 읽어 보거나, 가까운 시장에 가서 사면 돼. 또, 환경을 지키는 농법으로 기른 식재료를 주로 판매하는 생활협동조합과 같은 곳에서 물건을 사자. 어떤 판매자가 어떤 재배 방식으로 상품을 만들어서 운송했는지까지 알아볼 수 있어!

고기를 안 먹는 날을 즐기자

육식을 줄이자!

사람들의 고기 소비가 늘며 지구촌 곳곳에서 가축을 사육하려고 나무들을 베어 내고 있어. 그 과정에서 물이 많이 쓰이고 땅이 황폐해졌지. 그뿐만 아니라 가축을 기르고, 도축을 할 때 생명이 있는 동물을 함부로 취급하기도 해. 동물을 정말 좋아한다면 건강에 영향을 주지 않는 범위 안에서 육식을 줄이는 게 좋아.

환경을 지키는 요리를 만들어 먹자

잘 먹는다는 것은 건강하게 환경을 지키는 거야. 식재료를 건강하게 조리해 먹고, 음식을 낭비하거나 버리지 말자. 세상에는 제대로 먹지 못해 굶어 죽는 사람들이 아직도 많아. 또한 음식물 쓰레기를 쓰레기통에 쉽게 버리기보단 퇴비를 만드는 등 다른 방식으로 활용하면 분명 환경에 더 큰 도움이 될 거야!

옷은 기부하거나 다른 용도로 재활용하자!

쓸모가 없어진 옷은 반드시 기부하자. 해졌다면 작은 가방을 만들거나 걸레를 만드는 것도 생각해 봐야 해. 옷을 버리기 전에 반드시 다른 용도가 있는지 살펴보고.

나무를 심자!

우리가 모두 각자 나무를 심는다면 거대한 숲이 이루어질 거야. 숲은 언제나 지구 생명에게 이롭다고!

포장 용기를 들고 다니자!

만약 음식 포장을 원한다면 담아 올 그릇을 가져가. 지구도 이젠 더는 사람들이 버리는 것을 다 수용할 수 없는 지경에 도달했어. 주스를 살 때도, 텀블러나 물병을 가져가서 담아 달라고 하면 돼.

실천하는 사람을 칭찬해 주렴!

지속 가능한 삶을 위한 행동을 실천하는 사람을 만나거나 식당에 가면 멋지다고 칭찬해 주고 널리 알리자. 환경을 위해 종이 빨대를 쓰거나 텀블러 사용을 권하는 상점을 주로 가자. 입구에 자전거 거치대까지 있다면 그곳은 정말 멋진 곳이야!

전자 제품을 잘 관리하자!

가족과 친구가 전자 제품을 잘 쓰도록 알려 줘. 계절마다 혹은 유행을 따라 바꾸면 안 된다고 이야기해 줘. 전자 제품은 지구의 유한한 자원으로 만들었으니까 말이야.

변화를 일으키는 사람이 되자!

우리 모두 '변화를 일으키는 사람'이 될 수 있어. 물론 처음에는 조금 귀찮을 수 있지.
편리하고 익숙한 삶이 아니라고 느끼니까. 하지만 우리처럼 평범한 사람들이 지구 환경을 지키는 일에
관심을 갖고 일상에서 지속 가능한 삶을 위한 행동을 계속 실천한다면 분명 변화가 일어날 거야.
지구 환경이 좋아지는 변화, 우리가 건강해지는 변화, 미래 세대까지 지구에서 여러 생명들과
조화롭게 사는 지속 가능한 삶이 실제로 펼쳐질 거야!

어떻게 하면 변화를 일으키는 사람이 될 수 있을까?

1. **좋은 아이디어를 내보렴.**
   모든 아이디어는 생각을 거듭하면 씨앗처럼 솟아나.

2. **이와 관련된 많은 정보를 찾아봐.**
   질문할 수도 있고 책을 읽을 수도 있어.

3. **그 결과는 행동이 될 거야.**
   친구들에게 이런 행동을 권할 수 있어. SNS에서 이를 구체화할 수도 있고.

4. **너의 말이나 행동에 책임지는 자세가 중요해.**
   최근 동향을 알 수 있도록 언제나 연구하고 배우는 자세를 유지해야 한단다. 가끔 언뜻 보면 단순해 보이는 것도 실제론 그렇지 않은 경우가 많거든.

지속 가능한 삶을 위한 방법을 알리자!

난 오랫동안 내 절친 코에 대한 이야기를 SNS에 올렸었어. 그리고 사람들이 무책임하게 버린 동물들을 입양하는 방법을 알려 주었지. 또 동물들을 사랑하고 아끼고 동물권에 관심을 기울여 달라고 이야기했었어.
꾸준히 이야기를 하다 보니 어느 새 내 글에 영향을 받은 사람들이 많아졌어. 미처 생각하지 못한 이야기였다고 영감을 받았다는 사람부터 자기도 나처럼 유기 동물을 데려와 함께 지낸다는 사람까지, 많은 사람들이 내 글에 영향을 받은 거야.

> 우리는 모두 더 나은 지구와 지속 가능한 삶을 위해 행동할 수 있어. 이러한 행동 하나하나가 모여 커다란 변화를 만드는 거야.

지금 바로 실천할 세 가지 행동

친구들과 반에서 혹은 학교에서 캠페인을 해 보자!

1

채식을 하는 주간을 갖자

너의 식단을 분석하고, 일주일 내내 채식 위주의 식사를 할 방법을 찾아볼래?
그리고 이런 경험을 함께 나눠 보는 것이 어때? SNS를 통해서도 좋고 반에서 친구들과 함께해 보고 이야기를 나눠 봐.

2

일주일 동안 불량 식품을 먹지 말자

불량 식품은 어디서나 볼 수 있고 따라서 쉽게 소비할 수 있어. 지금은 우리에게 별로 영향을 주지 않는 것 같은데, 어른이 되면 이런 식습관이 문제를 일으킬 수 있어.
주로 무엇을 먹는지 확인해 볼까? 그리고 친구들이 일주일 동안 이런 불량 식품과 거리를 둘 수 있도록 자극을 주자. 앞에서 했던 것과 마찬가지로 깊게 생각해 보자. 어때? 함께 참여할 수 있겠니?

3

플라스틱 포장 용기를 쓰지 말자

시장이나 슈퍼마켓에 가면 많은 식재료가 플라스틱 포장 용기에 담겨 있는 걸 쉽게 볼 수 있어. 딸기와 상추, 토마토도 마찬가지야. 슈퍼마켓에 이런 포장 용기를 없애 달라고 건의를 해 보자. 용기를 가져가서 그곳에서 용기에 담아 오는 것도 해 봐!

이웃들과 함께 실천할 지속 가능한 삶을 위한 행동을 또 생각해 볼까?

많은 사람의 작은 행동이 변화를 만들 수 있고, 우리의 행동이 커다란 변화를 일으킬 수 있음을 명심해!

글 팔메라 브라보

디에고 포르탈레스 대학에서 문화 행정학 학사를, 칠레 산티아고 대학에서 지속 가능한 발전을 위한 교육학 분야의 학위를 받은 광고 기획 전문가이다.
개인과 기업 그리고 공동체를 위한 탄소 발자국 감소를 위해 이바지하고 있는 콤포스테라(Compostera)의 설립자이면서 사무총장을 맡고 있다.
지속 가능성과 퇴비를 만드는 일의 중요성을 학교를 돌아다니며 알리고 있다.

그림 가브리엘라 리온

피니스 테라에 대학을 나온 시각 예술가이자 일러스트레이터이다.
현재는 동 대학에서 실용 현대 예술 석사 과정을 밟고 있으며, 대학에서 디자인을 강의하고 있다.
2018년 콜리브리 메달을 수상한《불화의 역사. 아이들을 위한 시민 의식》,《새 인간의 모험》, 2019년 아동 문학상을 수상한《화창한 날》등의 작품을 냈다.
가장 오래된 기억 중 하나는 몇 시간 동안 계속해서 동물을, 특히 개와 말을 그렸던 거다. 그림에 생명력을 불어넣으려고 노력하고 있다.

옮김 남진희

한국외국어대학교에서 중남미 문학을 연구하여 박사 학위를 받았다.
한국외국어대학교에서 강의를 하면서 스페인·중남미 문학 작품을 우리말로 옮기는 일을 하고 있다.
옮긴 책으로《지구는 일회용이 아니야》,《나도 세상을 바꿀 수 있어》,《우리는 슬기로운 디지털 시민입니까?》,《우리가 99%》,《세상에서 가장 하얀 생쥐》,《돌연변이 용과 함께 배우는 유전학》,《꼬마 돈키호테》, <궁금한 그림책 몸> 시리즈,《나의 우주에는 마법 바퀴가 있어요》등이 있다.

행동하는 어린이 시민
지구는 일회용이 아니야

초판 1쇄 발행 2022년 10월 5일 | 초판 2쇄 발행 2023년 5월 20일
글 팔메라 브라보 | 그림 가브리엘라 리온 | 옮김 남진희
펴낸이 김명희 | 편집 이은희 | 편집 진행 스누피 | 디자인 조은화
펴낸곳 다봄 | 등록 2011년 6월 15일 제2021-000136호
주소 서울시 마포구 토정로 222 한국출판콘텐츠센터 305호
제조국 대한민국 | 사용연령 8세 이상 | 전화 02-446-0120 | 팩스 0303-0948-0120
전자우편 dabombook@hanmail.net | 인스타그램 instagram.com/dabom_books

ISBN 979-11-92148-28-1 74330
　　　979-11-92148-27-4 (세트)

※ 책값은 뒤표지에 있습니다.
※ 잘못 만든 책은 구입한 곳에서 교환해 드립니다.
※ 종이에 베이거나 긁히지 않도록 조심하세요. 책 모서리가 날카로우니 던지거나 떨어뜨리지 마세요.
※ KC마크는 이 제품이 공통안전기준에 적합하였음을 의미합니다.

행동하는 어린이 시민

"우리가 꿈꾸고 바라는 미래는
바로 지금, 우리의 행동으로 이루어집니다!"

오늘날 지구촌 곳곳이 극심한 가뭄과 폭우로 몸살을 앓고 있습니다.
지구 기온이 오르며 하루에도 생물 수십 종이 멸종되어 사라졌고,
영구 동토층이 녹아 살던 곳을 떠나야 하는 사람들도 생겼습니다.
인종 차별과 젠더 문제로 사람들 사이의 갈등은 깊어졌고
디지털 기술이 발전하며 그와 관련한 온라인 범죄 역시 늘어났습니다.
이제 우리는 지구 생명체의 생존과 인간다운 삶을 위해 행동으로 변화를 일으켜야 합니다.

행동하는 어린이 시민 시리즈는 세계적인 사회 문제에 관심을 기울이며
해결을 위해 적극 참여하는 어린이 시민을 위한 사회 교양서입니다.
기후 위기, 인권, 사회 운동, 문화 다양성, 디지털 시민 등 더 나은 미래를 만드는 데
필요한 사회 이슈들을 깊이 있게 다루며 무엇보다 어린이들이 직접 행동하여
변화를 일으킬 수 있는 방법을 상세히 알려 줍니다.

어린이도 사회의 구성원으로 정의롭지 않은 것을 구별하고 잘못된 일을 바로잡는 데
의견을 내고 행동할 수 있는 시민입니다. 어린이 시민 한 명의 행동이 더 나은 미래로 나아가는
커다란 한걸음입니다. 그 한걸음에 이 시리즈가 도움이 될 것입니다.

〈시리즈 구성〉

지구는 일회용이 아니야
지속 가능한 세상을 위한 오늘의 실천

기후 위기, 긴급 처방이 필요해!
지구 온도 1.5도 상승을 막는 해결책

나도 세상을 바꿀 수 있어
어린이 활동가를 위한 안내서

우리는 슬기로운 디지털 시민입니까?
건강한 디지털 세상을 여는 미디어 리터러시

우리는 다르니까 함께해야 해
다름을 존중하는 문화 다양성

우리 집이 사라지고 있어
하나뿐인 지구를 지키는 환경 탐험